TODOS SOMOS GENIOS

HISTORIAS DE LOS NOBEL PARA NIÑOS Y NIÑAS

Planeta Junior

ANDREW MALTÉS · ARTURO TORRES M.
ILUSTRACIONES: ÓMAR ANDRÉS PENAGOS

HISTORIAS DE LOS NOBEL
PARA NIÑOS Y NIÑAS

Todos somos genios

© Andrew Maltés, 2018
© Arturo Torres Moreno, 2018
© de las ilustraciones, Omar Andrés Penagos, 2018

© Editorial Planeta Colombiana, S. A. 2018
Calle 73 N.º 7-60, Bogotá (Colombia)
www.planetadelibros.com.co

ISBN 13: 978-958-42-7343-7
ISBN 10: 958-42-7343-4

Diseño y diagramación:
Departamento de diseño Editorial Planeta Colombia S.A.

Primera impresión: octubre de 2018
Segunda impresión: enero de 2019
Tercera impresión: febrero de 2019
Cuarta impresión: mayo de 2019
Quinta impresión: septiembre de 2019

Impreso por Editorial Bolívar Impresores S. A. S.
Impreso en Colombia - *Printed in Colombia*

*A todos los niños y niñas
que usarán estas historias
como inspiración para
vivir existencias notables*

(Nobel de Paz)

NELSON MANDELA 13
JANE ADDAMS 37
SHIRIN EBADI 65
WANGARI MUTA MAATHAI 89
NORMAN ERNEST BORLAUG 113

(Nobel de Literatura)

WISLAWA SZYMBORSKA 33
MARIO VARGAS LLOSA 49
IMRE KERTÉSZ 61
TONI MORRISON 85
ALBERT CAMUS 109
GABRIEL GARCÍA MÁRQUEZ 133

(Nobel de Economía)

GARY BECKER 29
LEONID HURWICZ 57
AMARTYA SEN 81
FRIEDRICH VON HAYEK 105
ELINOR OSTROM 129

(Nobel de Química)

DOROTHY CROWFOOT HODGKIN 17
ILYA PRIGOGINE 41
WILLARD FRANK LIBBY 69
FREDERICK SANGER 93
MARIE CURIE 101
IRÈNE JOLIOT-CURIE 117

(Nobel de Medicina)

RITA LEVI-MONTALCINI 21
ROBERT KOCH 45
ALEXANDER FLEMING 73
BARBARA MCCLINTOCK 97
NIKOLAAS TINBERGEN 121

(Nobel de Física)

JOHN BARDEEN 25
WOLFGANG PAULI 53
VICTOR FRANZ HESS 77
MARIE CURIE 101
WERNER KARL HEISENBERG 125

INTRODUCCIÓN

Todos los años, desde 1901, un grupo de personas notables de la sociedad sueca, país de origen de Alfred Nobel, escogen a un hombre o a una mujer cuyos descubrimientos e investigaciones dentro de sus áreas de conocimiento generen aportes significativos para el avance de la humanidad. Esto se conoce como el Premio Nobel.

Las áreas de estudio que se premiaban inicialmente fueron Física, Química, Medicina, Literatura y Paz. Luego, en 1968, se empezó a dar un reconocimiento también en el área de Ciencias Económicas.

Este libro nace con la certeza de que todos los niños son genios en un área de conocimiento y, una vez conozcan las historias de los llamados nobel de la humanidad, podrán reconocer que tienen en común más de lo que se pueden imaginar con estos personajes.

NELSON MANDELA
(Unión Sudafricana)

• Nobel de Paz, 1993 •

Por su trabajo para el fin
pacífico del régimen de *apartheid*
y por sentar las bases para una
nueva Sudáfrica democrática.

El día en que Nelson nació fue bautizado por su tribu como *Rolihlahla*, una palabra de origen africano que podría traducirse como "alborotador". En su tribu, aprendió el valor del trabajo desde muy pequeño, mientras cuidaba vacas como los demás niños de su región, aunque siempre había lugar para el juego y la diversión.

El nombre de Nelson lo recibió luego de cumplir siete años, en su primer día de clases, cuando su profesora le dio a cada niño un nuevo nombre en inglés. Luego de la muerte de su padre, con tan solo nueve años, su madre lo llevó a vivir a un hermoso palacio, en donde se crio con los hijos del rey, como si fuera uno de ellos. Allí asistió a la escuela y empezó su formación deportiva y académica, mostrando siempre sus habilidades como líder. Con el paso del tiempo, empezó a trabajar en política, mientras se alternaba como boxeador, no porque admirara la violencia de ese deporte, sino porque le encantaba la disciplina y ejercicio diario que este exigía.

Si bien todo marchaba para Nelson, su patria estaba literalmente dividida entre blancos y negros. Las personas de color tenían baños, comedores y escuelas, entre otras cosas, diferentes a los demás, todo esto por una ley conocida como *apartheid*, que significa "separación". Nelson consideraba que esta división debía detenerse y todos debían unirse como pueblo, sin importar el color de piel. Pero no todos pensaban igual que él.

Por sus ideas de unidad, el gobierno de su país lo acusó por oponerse al régimen racista, razón por la cual fue detenido y encarcelado con algunos de sus compañeros del partido para el que trabajaba. Por eso pasó 27 años en prisión, pero aun así nunca detuvo su lucha por la igualdad.

Durante el tiempo en que estuvo en cautiverio, escribió discursos y se reunió con muchas personas. Hizo todo lo posible por promulgar la idea de que todas las razas merecen tener los mismos derechos y deberes en la sociedad. Cuando salió de la cárcel, multitudes se reunieron para escuchar sus discursos, que no estaban cargados de odio ni resentimiento, sino de mucha unidad y de ganas de avanzar.

Nelson se comprometió a dar fin al *apartheid*, por lo que fue merecedor del Premio Nobel de Paz. Al año siguiente, fue elegido presidente de su país, logrando así unificar la nación y vencer las divisiones que sus antecesores habían puesto entre los distintos tonos de piel.

DOROTHY CROWFOOT HODGKIN

(Egipto)

• NOBEL DE QUÍMICA, 1964 •

Por desarrollar la cristalografía de proteínas
y así determinar la estructura de la insulina.

A Dorothy le encantaba pintar, casi tanto como que respondieran sus preguntas. De niña corría por los jardines de su casa en Inglaterra mientras intentaba no olvidar sus amados recuerdos de las pirámides de Egipto que sus padres la llevaron a conocer. Dorothy nació en El Cairo, pero cuando tenía cuatro años estalló la Primera Guerra Mundial y sus padres la dejaron al cuidado de sus abuelos en un condado al sur de Inglaterra llamado Sussex Occidental.

Cuando la guerra acabó, Dorothy se reencontró con su mamá, a quien todos con un profundo cariño llamaban Molly. Ambas tenían muchas cosas en común y, como a Molly, le encantaba la botánica, pasaba tardes enteras dibujando todo tipo de flores y plantas con su hija.

Para Dorothy, el dibujo se convirtió en parte fundamental de sus estudios, tanto que, incluso en sus épocas universitarias, aún era común verla dibujando por los corredores de la universidad de Oxford, donde estudiaba Química. Sin embargo, ahora no dibujaba flores ni plantas, sino las diferentes estructuras moleculares de la penicilina, las vitaminas y la insulina, puesto que, para ese entonces, no existía la tecnología necesaria para identificarlas, pero ella logró plasmarlas a la perfección, como si se tratase de un rompecabezas, uniendo sus habilidades para el dibujo con sus capacidades para las matemáticas.

Esto permitió grandes avances en la industria farmacéutica, pues fue posible producir la insulina de manera masiva. Esta es fundamental para el tratamiento de graves enfermedades, como la diabetes, al igual que para los antibióticos usados para el tratamiento de las infecciones bacterianas. Por esta investigación, Dorothy recibió el Premio Nobel de Química en 1964.

A lo largo de los años, ella nunca abandonó su pasión por la Química para dedicarse enteramente al dibujo, ni tampoco se alejó del arte, sino que nos mostró cómo dos pasiones podían juntarse para lograr llegar a lugares a los que algunos ni siquiera sueñan que existen.

RITA LEVI-MONTALCINI
(Italia)

• Premiada en 1986 (Medicina) •

Por su descubrimiento
en los factores de crecimiento.

Rita siempre fue rebelde, no porque llevara la contraria en todo, sino porque imponía su voluntad en todo lo que hacía, lo cual también metía en problemas a sus hermanos; en especial a Paola, su gemela, quien muchas veces se llevaba los regaños que iban para Rita.

Su padre era ingeniero y su mamá artista, así que su casa estaba llena de libros. Desde muy niña, Rita leía sobre diversos temas, pero se maravillaba especialmente por el cuerpo humano y su funcionamiento. Fue así como poco a poco se fue aferrando al deseo de ser doctora.

A pesar de que ella tenía decidido estudiar Medicina, sus padres tenían otros planes: ellos querían que Rita se casara con un hombre y estableciera una familia, pues pensaban que una carrera universitaria era una "pérdida de tiempo". No obstante, ella tenía claro que esa no era la vida que quería vivir. Entonces, a pesar de ser alérgica a la levadura, entró a trabajar a una panadería para pagar sus estudios en Medicina y se graduó con el máximo título posible: *summa cum laude*, que significa "con la máxima alabanza, con el máximo elogio".

En la universidad, persiguió su pasión por el cuerpo humano y logró descubrir algo que revolucionaría la medicina por completo. Rita se dio cuenta de que las células no se reproducían por sí mismas, como hasta entonces se creía, sino que identificó que solo lo hacían cuando unas sustancias les ordenan hacerlo. A estas sustancias se les llamó "factores de crecimiento" y, por este descubrimiento, Rita recibió el Premio Nobel de Medicina en 1986.

Los factores de crecimiento se han utilizado para salvar muchas vidas, y han sido usados en operaciones de la piel o de los ojos, y hasta para entender enfermedades tan complejas como el cáncer y el Párkinson.

JOHN BARDEEN
(Estados Unidos)

PREMIADO EN 1956 Y 1972 (FÍSICA)

Por sus investigaciones
sobre los semiconductores
y por sus descubrimientos
acerca del efecto transistor.

Por el desarrollo conjunto de la
teoría de la superconductividad,
llamada, por lo general, teoría BCS.

John era un joven muy inquieto, siempre interesado en cómo funcionaban las cosas y por qué operaban de la manera en que lo hacían. A pesar de ello, no fue el típico chico extrovertido; por el contrario, era muy callado, respetuoso de sus mayores e incluso tímido, a tal punto que sus amigos lo llamaban "el susurrador", pues su voz salía fina como la de un pajarito.

Llevado por las muchas incógnitas que surgieron durante su niñez, John empezó sus estudios en Ingeniería Electrónica. Una vez terminó la universidad y motivado por el conocimiento y sus ganas de aprender, siguió estudiando Física y luego Matemáticas. "El susurrador" sabía que la clave estaba en nunca dejar de aprender.

Sus investigaciones se centraron en el funcionamiento de los semiconductores, un elemento que permite circular la electricidad y sirve para que muchos aparatos como los celulares y los computadores funcionen. Gracias a los aportes de John en este campo, el mundo cambió para siempre la manera de escuchar música, pues uno de los primeros usos que se le dio a su descubrimiento fue la creación de los auriculares. Así, los semiconductores lo hicieron merecedor del Premio Nobel de Física en 1956.

Ante tal logro, muchos creyeron que sería imposible llegar más lejos; sin embargo, Bardeen pensaba que, si bien había hecho un avance importante con los semiconductores, había más por descubrir. Así que profundizó su investigación en el tema de los superconductores, materiales que solo bajo ciertas condiciones de temperatura pueden transmitir electricidad, generando grandes avances al respecto, por lo que a él y a su equipo se les galardonó con el Premio Nobel de Física en 1972.

John Bardeen es la única persona que ha recibido dos premios Nobel en el área de Física, dejando así una valiosa lección para siempre: no detenerse nunca, sabiendo que una meta cumplida es siempre la cuota inicial de otra meta por cumplir.

GARY BECKER

(Estados Unidos)

PREMIADO EN 1992 (ECONOMÍA)

Por haber extendido los dominios del análisis microeconómico a un rango más amplio del comportamiento y la interacción humana, incluyendo comportamientos fuera del mercado.

Gary Becker tenía dos hermanas y un hermano, provenía de una familia judía y, contrario a uno de sus más famosos teoremas, nunca fue un niño malcriado*.

Aunque no descuidaba sus estudios, su mayor interés durante la niñez y juventud eran los deportes. Nadie hubiera apostado que ese joven atlético tendría una admirada carrera como economista y que sería uno de los pensadores más influyentes de nuestra era.

¿Qué fue lo que pasó en este proceso? Becker encontró una pasión que fue más fuerte que el amor por los deportes: las matemáticas y, en especial, sus usos prácticos para entender cómo nos comportamos.

Mientras cursaba sus estudios en la Universidad de Princeton, entendió que las matemáticas eran una poderosa herramienta para comprender el mundo, y que era necesario ver sus usos prácticos en la economía y la sociología. Luego, en sus cursos de doctorado en la Universidad de Chicago, comenzó a forjar su fama de ser un economista que rompía el molde, que no se ocultaba detrás de las ecuaciones y las fórmulas, sino que intuyó que esta ciencia no era solo un campo de estudio. Para él había algo más: un método de análisis que combinaba varias herramientas para explicar la conducta humana y el funcionamiento de una sociedad.

A lo largo de su vida, realizó diversas y originales investigaciones en campos que eran ignorados por otros economistas: la discriminación, la familia, el suicidio, la inmigración, el capital humano, el matrimonio y hasta el costo de salir a cenar.

Gary fue alguien que rompió esquemas porque redefinió el significado de la palabra "economía". Tenía claro que esta ciencia está presente en nuestras acciones diarias y que no entenderla era un grave error porque limitaba nuestros juicios para ser mejores seres humanos. Este enfoque lo llevó a ganar el Premio Nobel de Economía en 1992. Sus investigaciones y aportes nos invitan a ver la economía como el arte de sacarle el máximo provecho a nuestras vidas.

*Teorema del niño malcriado

Fue propuesto por Gary en 1947. Consiste en que si un padre se enfrenta a un hijo malcriado, lo mejor es compensar a sus hermanos cada vez que este se porte mal, esta actitud lo motivará a cambiar su comportamiento.

WISLAWA SZYMBORSKA

(Polonia)

PREMIADA EN 1996 (LITERATURA)

> Por su poesía que, con precisión irónica,
> permite que los contextos histórico
> y biológico salgan a la luz en los
> fragmentos de la realidad humana.

Wisława leía de todo: cuentos, novelas, teatro, pero, sobre todo, le encantaba la poesía. En la biblioteca de su casa había muchos poemarios que repasaba una y otra vez, y fue justo ahí, a sus cinco años, escribiendo su primer poema, que decidió que nunca dejaría de ser una poeta, esa era su vocación.

Su padre, entusiasmado por el amor de su hija hacia las letras, le daba una moneda por cada poema gracioso que la pequeña escribía y así lo hizo hasta que murió, cuando Wisława era todavía una niña.

A medida que crecía, encontraba en lo cotidiano y la ironía la voz perfecta para todo lo que tenía que transmitir, y así seguía escribiendo mientras hacía toda clase de labores, incluida trabajar en las vías del tren.

Cuando la Segunda Guerra Mundial estalló, ella aún trabajaba en los trenes y tuvo que mantenerse en la clandestinidad, pues sus poemas hablaban en contra del dictador alemán que había invadido su país: Hitler. Había un poema en especial que hablaba de este personaje cuando era bebé y lo caricaturizaba, por lo cual era cada vez más peligroso que publicara sus versos.

Al final de la guerra, Wisława siguió publicando sus trabajos, fue reconocida en muchos países y su obra se tradujo a varias lenguas, pero su éxito real surgió cuando le otorgaron el Premio Nobel de Literatura en 1996, demostrando que el valor y la dedicación deben prevalecer incluso en los tiempos más adversos, pues los tiempos cambian, pero los valores permanecen intactos.

JANE ADDAMS
(Estados Unidos)

PREMIADA EN 1931 (PAZ)

Por promover los derechos
de la mujer, la paz y la libertad.

La curiosidad que Jane tenía por las cosas no conocía el límite, todo lo preguntaba, todo lo quería saber y, ya que vivía en una gran casa que compartía con sus muchos hermanos, jamás había tiempo para aburrirse, en especial porque siempre contaba con un libro que leer o una historia que escuchar.

A pesar de su gran amor por el conocimiento, Jane se vio obligada a abandonar la universidad por una complicación de salud en su columna. Eso hizo que tuviera que someterse a una operación que la dejó postrada en cama por un tiempo. Cuando se recuperó, viajó por muchos países en los que se dio cuenta de que, a causa de la Primera Guerra Mundial, muchas personas se veían obligadas a abandonar sus hogares, lo cual la impresionó en gran manera.

A su regreso en los Estados Unidos, decidió fundar una casa para gente que no tenía hogar, pero no solo para que ellos tuvieran un sitio en donde comer y dormir, sino que también allí pudieran educarse, y contar con una guardería para sus hijos, y una oficina que les permitiera encontrar empleo.

Se estima que alrededor de dos mil personas accedían a los servicios de esta casa cada semana, en especial mujeres, para quienes habían talleres en donde podían tener cierta independencia.

Jane era también una pacifista muy activa, se opuso a la Primera Guerra Mundial y estuvo en contra de que su país participara en lo que ella consideraba una barbarie. De igual manera, ella desempeñó un papel importante para que las mujeres tuvieran los mismos derechos que los hombres, y lideró varias conferencias al respecto; esto permitió que la mujer tuviera también derecho al voto.

Fue por su capacidad de empatía y de ponerse en los zapatos de los demás que se le concedió el Premio Nobel de Paz en 1931, lo que la convirtió en un ejemplo para hombres y mujeres que quieren una sociedad más equitativa.

ILYA PRIGOGINE

(Rusia)

PREMIADO EN 1977 (QUÍMICA)

> Por sus contribuciones a la termodinámica del no equilibrio, particularmente la teoría de las estructuras disipativas.

Ilya Prigogine nació en Rusia pero, a causa del triunfo de la revolución en este país, sus padres viajaron a Bélgica, en donde el pequeño Ilya vivió toda su vida. A una edad muy temprana, ya se hacía preguntas filosóficas muy profundas, como por ejemplo: ¿dónde está el tiempo? o ¿cómo apareció el tiempo en el universo? Sus padres y maestros lo alentaban en sus cuestionamientos pero, a pesar de ello, no le daban ninguna respuesta.

Sabiendo que solo con disciplina y mucho estudio podría llegar a dar respuestas a sus preguntas, Ilya estudió Química en la Universidad Libre de Bruselas, donde, gracias a su buen rendimiento, se graduó para ejercer como profesor de Física y Química de la misma universidad.

Ilya nunca olvidó las preguntas que se hizo de niño y ahora, con sus nuevos conocimientos en ciencias, empezó a investigar lo referente al universo. También indagó acerca de lo que muchos pensadores anteriores a él habían deducido sobre la manera como este funcionaba.

Dentro de sus investigaciones, notó que muchos pensadores, si no todos, partían del hecho de que el mundo correspondía a un orden establecido, el cual era opuesto al caos. Entonces, se interesó por estudiar la teoría del caos y, a partir de ella, formuló sus propias premisas, que llevan por nombre la teoría de las estructuras disipativas.

Esta hipótesis sostiene que, cuando la materia y la energía se dispersan, suelen desordenarse; sin embargo, Ilya logró establecer que, contrario a esto, la energía y la materia pasan a ser elementos de una estructura ordenada. Todo el universo está compueto de energía y materia, por lo tanto, este era un gran descubrimiento.

Gracias a este importante avance y por nunca abandonar las preguntas que rondaban en su cabeza, Ilya recibió el Premio Nobel de Química en 1977.

ROBERT KOCH
(Reino de Hannover)

PREMIADO EN 1905 (MEDICINA)

Por sus investigaciones y
descubrimientos
en relación con la tuberculosis
y sus aportes que ayudaron
a generar la idea de la salud pública.

Robert soñaba con ser un explorador, recorrer el mundo descubriendo grandes enigmas, culturas, gente que no podría conocer en su pequeña región y mundos inhóspitos, jamás vistos por el ojo de ningún hombre, y este sueño lo acompañaría por el resto de su vida.

Su familia era numerosa, pues tenía doce hermanos, así que nunca estaba solo. Aunque todos eran muy talentosos, Robert tenía una disciplina a prueba de todo: si no entendía algo, no se detenía hasta encontrar la respuesta. Así fue como a los cinco años aprendió a leer y, de la misma manera, tiempo después, descubrió una nueva ciencia llamada Bacteriología.

Robert creció y, con él, la curiosidad se hizo cada vez mayor, por eso nunca dejó de estudiar ni de prepararse por su propia cuenta, hasta que ingresó a la universidad para estudiar Medicina. Al graduarse, se ofreció como voluntario médico para ayudar a los soldados heridos en la guerra franco-prusiana y allí vio que muchos morían a pesar de que sus heridas no eran de gravedad. Esta observación hizo que perseverara, profundizara y estudiara qué ocurría.

Tiempo después, se casó y su amada le hizo un regalo que le permitiría cumplir su sueño de ser explorador: un microscopio. Entonces se sumergió de lleno en la investigación. Pasaba noches enteras indagando sobre estos organismos que mataban a muchos animales y también a varias personas. Fue así como descubrió distintas enfermedades causadas por estas pequeñas presencias que fueron bautizadas como microbios, ya que eran formas de vida diminutas.

Gracias a sus descubrimientos, Robert viajó a diversos lugares del mundo, como la India y Egipto. Allí estudió diferentes enfermedades, como la tuberculosis y el cólera, y descifró que los bacilos, unas dañinas bacterias en forma de vara, eran las causantes de estas afecciones. Fue un pionero en explorar el universo microscópico y dar pautas de prevención para mejorar la salud de millones de personas. Por este importante trabajo, fue galardonado con el Premio Nobel de Medicina en 1905.

MARIO VARGAS LLOSA

(Perú)

PREMIADO EN 2010 (LITERATURA)

Por su cartografía de las estructuras
de poder y sus imágenes mordaces
de la resistencia del individuo,
la rebelión y la derrota.

Desde muy pequeño, en el colegio Salesiano en donde estudió, Mario demostró ser un alumno brillante. Su liderazgo y amor por el conocimiento eran un verdadero ejemplo para todos sus compañeros de clase, con quienes entablaba amistad con facilidad.

Pero no fue hasta que ingresó a la academia militar en la que lo internó su padre, que su amor por la lectura y la escritura se convirtió en una prioridad en su vida. Allí leía hasta que, vencido por el cansancio, se dejaba conquistar por el sueño para afrontar otro día de la tremenda disciplina de la escuela militar. Así solo escapaba en las noches a otros mundos, ya fueran los que creaban sus escritores favoritos, o los que él mismo empezaba a concebir.

En la academia, Mario se familiarizó con grandes plumas de la literatura universal, como Alejandro Dumas y Víctor Hugo, de quienes pudo leer sus obras, aprendiendo que, para ser un gran escritor, se debe ser siempre primero un gran lector. Inspirado en la vida del colegio, Mario escribió la novela que le haría celebre, *La ciudad y los perros*, la cual le abrió las puertas al mundo.

Gracias a sus méritos académicos, se hizo merecedor de una beca para seguir sus estudios en España, en donde siguió escribiendo con una convicción y un empeño dignos de admiración. Al terminar sus estudios, Mario vivió en París, en donde siguió leyendo y escribiendo con un amor incansable por la literatura, abarcando en sus obras muchos lugares del mundo, como Brasil, La Polinesia, Europa, El Caribe, La Amazonía, y sobre todo, su siempre amado Perú.

Durante toda su vida exploró varios géneros, escribió teatro, cuento, ensayo y novela, ganando múltiples premios literarios que le dieron la fama por todo el mundo, hasta que en el 2010 fue galardonado con el premio Nobel de Literatura.

El rigor y la entrega de Mario por la creación literaria nos enseña que con disciplina y amor por el conocimiento podemos crear mundos y realidades que solamente un escritor puede lograr.

WOLFGANG PAULI
(Austria)

PREMIADO EN 1945 (FÍSICA)

Por el descubrimiento del principio
de exclusión, también llamado
el principio de Pauli.

Wolfgang, o Pauli como le decían todos sus compañeros, era un niño que desde muy temprana edad ya daba de qué hablar entre sus amigos. Cada vez que alguien hacía un experimento y Pauli estaba cerca, algo "extraño" pasaba y el experimento no se podía llevar a cabo porque uno de los aparatos o utensilios se dañaba repentinamente. Fue así como sus amigos empezaron a decir que había un "efecto Pauli" que distorsionaba los resultados en cada ocasión y se burlaban de él.

Pauli tenía dos caminos: el primero era más fácil, solo tenía que molestarse con sus amigos y ponerles apodos hasta que ellos se cansaran de jugarle bromas. El segundo era no intentar cambiarlos y no darle importancia al "efecto Pauli".

Con el tiempo, él y sus amigos siguieron trabajando en varios experimentos sobre la energía atómica. Pauli centraba sus investigaciones en el estudio de los electrones, su posición y su energía dentro de un átomo. Ahora bien, para poder comprobar una teoría es necesario equivocarse muchas veces primero, por eso Pauli lo tomaba con mucho humor y cada vez que algo se dañaba decía: "Es el efecto Pauli".

Un día, uno de los experimentos lo llevó a una conclusión importante: nunca dos electrones podían tener el mismo estado energético. A esta conclusión, Pauli la llamó el "principio de exclusión". Gracias a este gran hallazgo, fue posible ordenar los nuevos elementos químicos dentro de la tabla periódica, por lo cual se hizo merecedor del Premio Nobel de Física en 1945.

Pauli le enseñó a la gente de su época que no importa cuántas veces tus amigos piensen que estás equivocado, siempre serán los resultados lo que les darán o no la razón.

LEONID HURWICZ

(Rusia)

PREMIADO EN 2007 (ECONOMÍA)

Por su desarrollo de las bases contractuales
y constitucionales para la teoría del proceso
de las decisiones económicas y políticas.

Cuando Leonid Hurwicz tenía 90 años, recibió una misteriosa llamada de Suecia que jamás pensó que pudiera ocurrir. Había nacido en Moscú en el año 1917, y su familia, de origen judío-polaco, se había mudado a Rusia para escapar de la guerra, sin presentir que, dos meses después de la llegada del pequeño Leonid, la Revolución de Octubre los haría correr de nuevo. Así que creció en Varsovia, hizo su colegio y estudió Derecho con énfasis en Economía, hasta que nuevamente la guerra tocó las puertas de su casa y fue obligado a ser un peregrino por muchas universidades del mundo. Leonid viajó a Londres y allí tuvo la oportunidad de ser alumno de Friedrich Hayek en la London School of Economics, luego fue a la Universidad de Ginebra y, de ahí, pasó por la Universidad de Chicago, Harvard y el Instituto Tecnológico de Massachusetts (MIT). Terminó siendo profesor de Matemáticas y Economía de la Universidad de Minnesota, donde tuvo una vida tranquila.

Este profesor, al que sus estudiantes reconocían por su aguda inteligencia y humildad, fue, probablemente, uno de los economistas con más conocimientos matemáticos en la historia. Dominaba la teoría de juegos, la topología, los sistemas dinámicos y la programación matemática.

Así, usó esta amplia gama de saberes para diseñar nuevas soluciones a los problemas económicos que se generan por las imperfecciones de los mercados. Por ejemplo, una mamá hace un delicioso pastel de chocolate y tiene cinco hijos de diferentes edades que quieren ser los que cortan y repartan el postre. ¿Cómo sería la forma más justa para que sus hijos distribuyan correctamente las porciones? Hurwicz asumía que los hermanos más grandes probablemente sacarían ventaja de los más pequeños, creando así una injusticia familiar. ¿La solución? La mamá debe dejar que el mayor corte la torta, pero el menor debe hacer la distribución; de esta forma, se asegura de que todos sus hijos reciban un pedazo del mismo tamaño.

Leonid es considerado el padre de la teoría de la información en la economía, que estudia cómo la comunicación es vital a la hora de tomar una decisión para asignar los recursos disponibles. Él tenía claro que tener una mejor compresión de la información en la economía nos hace más libres y menos manipulables. Su trabajo ha sido aplicado en campos como la contratación, las subastas y la bolsa de valores.

Así que cuando recibió la llamada desde Suecia para comunicarle que era ganador del Premio Nobel de Economía en el 2007, el profesor Hurwicz, sorprendido, pensó que era una broma. Ahora, tiene el mérito de ser el galardonado con mayor edad de la historia.

TEORÍA DE LA INFORMACIÓN EN EN LA ECONOMÍA

IMRE KERTÉSZ

(Hungría)

PREMIADO EN 2002 (LITERATURA)

Por una redacción que confirma
la experiencia frágil del individuo
contra la arbitrariedad bárbara
de la historia.

Imre no tuvo una vida fácil y, aunque su existencia estuvo marcada por la tragedia y las dificultades, siempre destacó, tanto en su vida como en su obra, el valor de la felicidad a pesar de las circunstancias.

El pequeño Imre tenía solo cinco años cuando sus padres se divorciaron, como consecuencia de esta decisión, ajena a su voluntad, tuvo que pasar su infancia en un internado. Luego, un gobierno autoritario llegó a Hungría, su país natal, y fue llevado a un sitio para hacer trabajos forzosos debido a su ascendencia judía.

En la barbarie de ese lugar conocido como campo de concentración, Imre experimentó la impotencia y la pérdida de sus familiares y amigos; sin embargo, nunca se le borró la sonrisa del rostro.

Al regresar a Hungría, trabajó en algunos periódicos y como traductor independiente. No obstante, nunca olvidó los horrores que vio y vivió durante la guerra y, aunque ahora su país estaba dirigido por quienes la ganaron, siempre se sintió exiliado en su propia tierra, al punto que llegó a tener más reconocimiento por sus libros en el extranjero. Imre sentía que lo consideraban un escritor de segunda categoría, pero nunca permitió que eso quebrara su espíritu.

Luego de ganar el Premio Nobel de Literatura, Imre no cambió en absoluto: siguió siendo el mismo hombre honesto, franco y feliz. Su obra se extendió por todo el mundo para enseñar a sus lectores lecciones de grandeza y recordarnos que no se trata de las circunstancias, sino de lo que estamos hechos.

SHIRIN EBADI

(Irán)

PREMIADA EN 2003 (PAZ)

Por sus esfuerzos por la democracia
y los derechos humanos.
Ella se ha centrado especialmente
en la lucha por los derechos
de las mujeres y los niños.

Desde muy pequeña, Shirin tuvo un fuerte sentido por la justicia, no solo por las enseñanzas que su padre, catedrático en Derecho, le daba a diario, sino porque ella sabía que siempre había alguien más grande que quería hacer su voluntad sobre el más débil y eso no estaba bien ante sus ojos.

Ella se esforzó mucho en el colegio para cumplir su sueño de ser abogada. Luego de mucha dedicación y con el apoyo de su familia lo logró, pero sus triunfos no pararían ahí, ya que no se detuvo hasta que se convirtió en una de las primeras mujeres en ser nombrada juez de su país.

Como jueza, era implacable y siempre defendía a los más desprotegidos, en especial a los niños y niñas que, muchas veces, veían sus derechos vulnerados, al igual que a las mujeres que sufrían violencia en sus propios hogares.

Un día, el gobierno de Irán dejó de ser democrático y una dictadura religiosa asumió el poder. Entonces, ella pasó de ser un símbolo que protegía a los más débiles, a ser una amenaza para quienes dirigían el país. Como consecuencia, cambiaron su cargo de jueza a secretaria del juzgado, por el simple hecho de ser mujer.

Shurin no se detuvo en ningún momento y buscó justicia para ella y los más débiles. Fue así como logró defender como abogada a la población infantil y a las mujeres de su país, sin importar las consecuencias que esto le pudiese significar.

En el 2003 recibió el Nobel de Paz por el trabajo impecable que hizo por la sociedad iraní. Lastimosamente, el gobierno no vio este reconocimiento con buenos ojos y Shirin tuvo que dejar su hogar y radicarse en Londres cuando muchos de los que pensaban como ella fueron acusados de conspirar contra el gobierno y llevados a la cárcel.

Shirin sigue escribiendo artículos y luchando por las mujeres y la infancia de su país, pues tiene sumamente claro que pocas cosas son tan importantes en la vida como la justicia misma.

WILLARD FRANK LIBBY
(Estados Unidos)

PREMIADO EN 1960 (QUÍMICA)

Por su método del uso del carbono-14
para determinar edades en arqueología,
geología, geofísica y otras ramas
de las ciencias.

A Willard no le gustaba pasar mucho tiempo fuera de su casa, prefería los libros, el fresco de su cuarto en el verano y la calidez de su biblioteca en el invierno. Willard estaba seguro de que el conocimiento le daría las respuestas, sin importar qué preguntas se hiciera. Tenía la certeza de que, con disciplina y estudio, las respuestas siempre llegarían, y por eso no dejaba de investigar y experimentar en su casa.

Willard fue un estudiante brillante, avanzó prontamente en sus estudios y fue recibiendo distintos títulos hasta llegar al grado de doctor. Un año después de obtener su doctorado, empezó una carrera como profesor en Química y enseñó en varias universidades de los Estados Unidos. Todavía quería seguir aprendiendo, pero ahora de sus alumnos.

Sin embargo, tuvo que abandonar su trabajo como profesor cuando fue convocado por el gobierno para colaborar en las investigaciones que llevarían al descubrimiento de la fórmula que podría generar la reacción de la bomba atómica.

Al terminar la Segunda Guerra Mundial, Willard no quiso seguir sus investigaciones frente a este tema ni nada que tuviera que ver con destrucción. Se enfocó entonces en la radioactividad que tienen todos los seres vivos. Luego de ahondar mucho, determinó que todos los organismos tenemos un componente que tarda en descomponerse más de cinco mil años. Este componente es el carbono-14, el cual es producido como consecuencia de la absorción de los rayos cósmicos por las plantas.

Gracias a este importante descubrimiento, hoy en día podemos determinar la edad de aquellos seres vivos que dejaron de existir hace miles de años, como es el caso de los dinosaurios, por esto fue galardonado con el Premio Nobel de Química en 1960. Willard prefirió no poner su conocimiento al servicio de la destrucción, sino al servicio de la vida, enseñándonos con su ejemplo que, si bien la ciencia tiene múltiples propósitos, la vida siempre debe ser la prioridad.

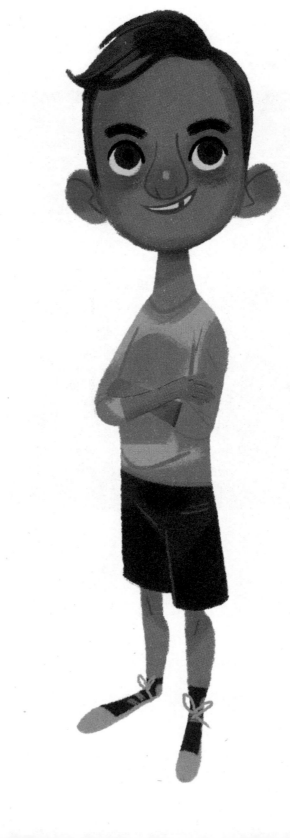

ALEXANDER FLEMING

(Escocia)

PREMIADO EN 1945 (MEDICINA)

Por el descubrimiento
de la penicilina y sus efectos curativos
en enfermedades infecciosas.

La infancia de Alexander estuvo marcada por la paz y la tranquilidad que brinda el campo, sus primeros años estuvieron guiados por la curiosidad y la contemplación de la naturaleza, más que en una educación formal. Alec, como le llamaban sus más allegados, siempre manifestó el gran impacto que tuvo el contacto con la naturaleza durante su infancia para todo su trabajo posterior.

A los trece años viajó a Londres, donde su hermanastro trabajaba como médico. Allí hizo sus primeros avances como galeno, mientras paralelamente ejercía sus estudios en Medicina.

Después de graduarse con honores como médico cirujano, Alec se enfocó en la Bacteriología, la rama que se especializa en el estudio de las bacterias, la cual le parecía fascinante, ya que se trataba de combatir a un enemigo invisible. Esto lo habría de confirmar cuando sirvió como médico durante la Primera Guerra Mundial y descubrió que las infecciones sencillas mataban a más soldados que las mismas heridas de guerra.

Desde ese momento siguió sus investigaciones sobre las bacterias pero, a pesar de sus arduos trabajos y estudios, no conseguía avanzar en lo más mínimo, pues no lograba identificar una sustancia u organismo capaz de vencer a estos pequeños seres que veía a través de su microscopio. Todo cambió un verano en el que decidió ir con su familia de vacaciones y, al abandonar su laboratorio, olvidó lavar los platos que dejó sobre el fregadero junto a los demás elementos de trabajo. Este descuido fue la casualidad perfecta para que pudiese encontrar un hongo capaz de combatir las bacterias, hongo que luego sería usado para producir la penicilina.

Este descubrimiento no solo hizo merecedor a Alexander Fleming del Premio Nobel de Medicina en 1945, sino que le permitió salvar millones de vidas, ya que gracias a sus estudios se dio paso a la formulación de todos los antibióticos que existen hoy en día.

VICTOR FRANZ HESS
(Austria)

PREMIADO EN 1936 (FÍSICA)

Por su descubrimiento
de la radiación cósmica.

Victor nació en un castillo, pero no porque sus padres fueran ricos, sino porque su papá era el capataz de un príncipe y, desde pequeño, lo veía recorrer sus habitaciones con una inmensa curiosidad. Todo lo preguntaba, sus ganas de entender el mundo lo llevaron a estudiar y esforzarse mucho, hasta tal punto que con 27 años terminó un doctorado en Física en la universidad de Graz en Austria.

Victor entendía muchas cosas del comportamiento de los átomos, unas partículas invisibles presentes en toda la materia del universo y que están compuestos por el núcleo, los protones y los electrones. Al estudiar estos últimos, se percató de algo inquietante: en ciertas partes desaparecían, simplemente se esfumaban. Había un ladrón de electrones que debía descubrir.

Victor quiso saber qué o quién estaba haciendo desaparecer a los electrones de los átomos, quería atrapar a ese ladrón y entender por qué esto sucedía con más frecuencia en la cima de una montaña. Fue así como primero subió a la torre Eiffel y se dio cuenta de que allí los electrones tendían a desaparecer más. Entonces decidió que debía subir más alto e hizo el experimento en un globo aerostático. Allí comprobó que efectivamente cuanta más altura había, más tendían a desaparecer los electrones. Muchos de sus amigos decían que esto sucedía a causa de los rayos del sol, pero él no estaba muy seguro de que así fuera, por eso repitió el experimento en el globo aerostático un día que hubo un eclipse de sol completo, y el resultado fue el mismo.

De esta manera, Victor descubrió al ladrón de electrones y, aunque no era ningún ser sobrenatural, sí eran unos rayos que provenían del espacio, por eso les puso por nombre los rayos cósmicos. Gracias a este descubrimiento, recibió el Premio Nobel de Física en 1936. Sin embargo, a pesar de que han pasado tantos años desde entonces, hoy en día este hallazgo sigue permitiendo a la comunidad científica generar grandes avances para la humanidad, como poder ver el interior de las pirámides egipcias sin entrar a ellas.

AMARTYA SEN

(Bangladés)

PREMIADO EN 1988 (ECONOMÍA)

Por sus contribuciones
al análisis del bienestar económico.

Desde su nacimiento, el destino le mostró señales muy claras a Amartya Sen. Su madre, una profesora bengalí, lo dio a luz en un colegio fundado por un ganador del premio Nobel de Literatura: Rabindranath Tagore. Este notable escritor sugirió a los padres su nombre, Amartya, que traduce "inmortal", en sánscrito. Luego, cuando tenía nueve años, tuvo una experiencia que cambió su vida para siempre: observó una hambruna devastadora que padecían los habitantes más pobres de su región.

Debido a que provenía de una familia de maestros, pudo tener una educación privilegiada en la India. En sus años de juventud, sus inclinaciones iban más por las Matemáticas o la Física, pero el palpitante ambiente político de su nación lo animó a inclinarse por la Economía. A los 19 años, viajó a Inglaterra para estudiar en la Universidad de Cambridge, donde obtuvo su diploma, luego regresó a trabajar como profesor universitario en su país y después volvió a Reino Unido para realizar su doctorado.

Su vida, por muchos años, transcurrió investigando y siendo profesor en diferentes universidades del mundo, hasta que la publicación de sus libros comenzó a darle fama por sus originales puntos de vista para erradicar las causas de la pobreza y el hambre.

Amartya descubrió que las hambrunas no necesariamente se generan por la falta de comida en una región, sino por los cambios en el mercado de alimentos. Por ejemplo, el hambre que había aterrorizado a su país en 1941 no fue por la baja producción de comida, que paradójicamente ese año fue bastante alta, sino por un injusto incremento en los precios que no estuvo a la par con los ingresos de los más pobres. Este mismo problema de alteración del mercado lo encontró en el Sahel, Etiopía y China. La mejor solución, para él, no estaba en mandar caridad, era más eficiente reparar el comercio para que las personas pudieran volver a hacer mercado.

También ayudó a las Naciones Unidas a crear el Índice de Desarrollo Humano, un indicador que mide la riqueza de un país por factores como los años de vida, la salud y la educación; este instrumento es más preciso que los usados por otras organizaciones mundiales.

En 1988, recibió el Premio Nobel de Economía, un reconocimiento por su trabajo que ha influido a crear políticas públicas para buscar un mundo mejor. Él entendió que la pobreza nace por las barreras injustas (la discriminación, las guerras, la corrupción, el analfabetismo, la exclusión, etcétera) que existen para que la gente no se pueda realizar libre y plenamente. La clave, según él, es permitir a las personas la posibilidad de ser y hacer.

TONI MORRISON
(Estados Unidos)

PREMIADA EN 1993 (LITERATURA)

> Quien, en novelas caracterizadas
> por fuerza visionaria y sentido poético,
> da vida a un aspecto esencial
> de la realidad estadounidense.

Chloe Ardelia Wofford fue el nombre bajo el cual fue bautizada, pero desde niña su familia y amigos la llamaban Toni. Ella entendió que nunca es tarde para empezar a cumplir un sueño cuando escribió su primera novela a los cuarenta años y la firmó con el apellido que adoptó de su esposo, Harold Morrison.

Toni nació en una familia de muy pocos recursos económicos, sus ancestros eran esclavos del sur de Estados Unidos que, una vez alcanzaron la libertad, se asentaron en la zona de Ohio, al norte de este país. Aunque en su casa había apenas lo necesario, ella siempre se destacó como una de las mejores estudiantes de su clase, puesto que sus ganas de aprender y su afición por la lectura la hicieron una alumna ejemplar desde sus primeros años en la escuela.

Antes de publicar su primer libro, hizo uno de los trabajos más generosos y difíciles que un artista puede hacer: fue editora en la editorial que publicó a muchas de las voces afroamericanas más importantes de nuestros tiempos, lo que dio un lugar predominante a estas narrativas en la literatura de los Estados Unidos.

Cuando por fin publicó su primera novela, no muchos se fijaron en su arte, pero su persistencia y talento la hicieron destacar, y los premios y galardones no se hicieron esperar, hasta que a los 62 años recibió el Premio Nobel de Literatura.

Toni es un ejemplo para todos, pues nunca dejó de enseñar a pesar de la fama, el dinero y los reconocimientos obtenidos a lo largo de su carrera. El amor por el conocimiento, que la llevó a estudiar en las mejores universidades de su país, fue el mismo que la impulsó a enseñar también allí, hasta que se retiró a sus 75 años.

WANGARI MUTA MAATHAI
(Kenia)

PREMIADA EN 2004 (PAZ)

Por su contribución para el desarrollo
sostenible, la democracia y la paz.

Wangari amaba a la naturaleza tanto como al conocimiento, siempre se sentía feliz de ir a la escuela y de luego ir a trabajar en el cultivo hasta el anochecer, separando la hierba mala de lo sembrado. Entonces, regresaba con sus hermanos a la casa y dormía con la satisfacción de haber tenido un día verdaderamente productivo.

Este amor por el conocimiento la hizo seguir esforzándose por sacar las mejores notas, hasta que fue seleccionada para una beca que benefició a trescientos kenianos para estudiar en los Estados Unidos. Allí obtuvo su grado en Ciencia, hizo una maestría en Biología y, tiempo después, realizó un doctorado en Anatomía Veterinaria.

Ella estaba enfocada en la protección de la fauna y la flora, y se preocupaba en especial por preservar el medio ambiente. No obstante, este problema no era el que más la afectaba:

su país estaba siendo gobernado por una dictadura que no les permitía a todos los mismos derechos, y ella sintió que su nación la necesitaba.

Con todo lo aprendido, quiso ayudar a su patria, pero el gobierno de Kenia no quería que ella se devolviera, así que se valieron de todos los medios posibles para frustrar los sueños de Wangari, y también los sueños de un país democrático.

Pasaron muchos años en los que Wangari hizo resistencia a un gobierno corrupto dentro y fuera del país, hasta que logró unir a todos los que pensaban como ella y así derrotar a este gobierno justo un año antes de ser galardonada con el Premio Nobel de Paz en 2003.

Wangari no dejó que las diferencias con sus partidarios los alejaran de un objetivo común, que era erradicar al gobierno corrupto y llevar la democracia a todos los rincones de su país, enseñándonos que es mejor poner los objetivos de todos por encima de los propios.

FREDERICK SANGER

(Reino Unido)

PREMIADO EN 1958 Y 1980 (QUÍMICA)

Por su trabajo sobre la bioquímica
de los ácidos nucleicos. Su trabajo
sobre la estructura de las proteínas,
en especial de la insulina.

Por sus estudios fundamentales
de la bioquímica de ácidos nucleicos,
con particular reconocimiento
por la recombinación del ADN.

Frederick era un niño al que le gustaban dos cosas: dar paseos por su ciudad y leer sobre ciencias naturales. Fred, como le decía toda su familia, quería ser un médico para ayudar a todo el mundo, incluso a los animales más pequeños.

A medida que fue creciendo, enfatizó sus estudios en la Bioquímica, la rama de la ciencia que estudia la composición química de los seres vivos. Como resultado de este trabajo, logró descubrir cómo está compuesta la insulina, una hormona muy importante en los seres humanos que permite a la energía ser llevada a todos los órganos y tejidos de nuestro cuerpo. Gracias a este fantástico hallazgo, se hizo merecedor del Premio Nobel de Química en 1958.

Pero Fred era un hombre muy perseverante y se enfrentó a un reto mucho mayor: encontrar la estructura que permite identificar la secuenciación del ADN que, entre muchas otras cosas, determina las características hereditarias dentro de los seres vivos. La investigación fue tan importante que este método de secuenciación es llamado el método Sanger.

Por sus valiosos aportes, se hizo merecedor de otro Nobel de Química en 1980, con lo cual nos enseña que la meta nunca está en el premio, sino en el camino y las motivaciones que tenemos para conseguirlo.

BARBARA MCCLINTOCK
(Estados Unidos)

PREMIADA EN 1983 (MEDICINA)

Por su descubrimiento
de los elementos genéticos móviles.

Barbara era una niña particularmente solitaria y muy inde-pendiente, lo que hoy en día muchos catalogarían como intro-vertida. Su familia era sumamente humilde y con frecuencia debían enfrentarse a problemas económicos, pues no siem-pre tenían para alimentarse y llevar una vida acomodada.

Una de las razones que hacía más difícil la situación eco-nómica de la familia era que el padre de Barbara era médi-co e intentaba establecer un consultorio independiente, lo cual absorbía los pocos recursos que tenían; por esta ra-zón, ella tuvo que vivir unos años de su infancia con sus tíos en Nueva York.

Cuando terminó sus estudios secundarios, Barbara sa-bía que nada le daría tanta alegría como seguir estudiando en la universidad, pero no se decidió por la medicina, como su padre, sino por la botánica en la Escuela de Agricultura de Cornell. A pesar de su determinación, su madre se opu-so rotundamente a esto, ya que consideraba que, si su hija estudiaba en la universidad, jamás se casaría. Sin embargo, Barbara persistió y, con ayuda de su padre, logró entrar a la universidad.

Así continuó sus estudios hasta terminar su doctorado, y durante toda su vida siguió estudiando e investigando, haciendo especial énfasis en las estructuras genéticas del maíz. Estas investigaciones fueron el primer paso para mejorar los tratamientos contra las enfermedades infecciosas y así salvar millones de personas alrededor del mundo, incluso hasta el día de hoy. Por ello Barbara ganó muchos premios y galardones, entre los que se incluye el Premio Nobel de Medicina en 1983.

A pesar de los múltiples reconocimientos que recibió, estos no fueron lo más importante; lo que ella deseaba verdaderamente era dejar un precedente para que muchas niñas de todo el mundo siguieran sus sueños de estudiar, así la sociedad o sus familias les dijeran que no podían hacerlo.

MARIE CURIE
(Polonia)

PREMIADA EN 1903 (FÍSICA)
Y 1911 (QUÍMICA)

Por sus investigaciones conjuntas
sobre los fenómenos de la radiación.

Por el descubrimiento del radio y el polonio,
el aislamiento del radio y el estudio
de la naturaleza y compuestos de este
destacable elemento químico.

Es fácil imaginar a la pequeña Marie recluida en la biblioteca de su casa leyendo hasta altas horas de la noche. Mientras sus tres hermanas y su hermano —todos mayores que ella— dormían plácidamente, la pequeña buscaba en los libros de su padre, quien era profesor de Física y Matemáticas, las respuestas que no encontraba en otra parte.

Su anhelo por aprender la llevó a entrar a una universidad en Francia con su hermana mayor, pues en Polonia, su tierra natal, no aceptaban mujeres en la academia en esa época. No obstante, Marie no iba a permitir que eso se interpusiera entre ella y el conocimiento.

En sus años de estudio en París, conoció a su esposo, Pierre, un científico entusiasta por el estudio de los cristales; sin embargo, cuando él se enteró de la investigación y el trabajo que adelantaba su amada, se convenció de que ella estaba tras un descubrimiento realmente importante y volcó todos sus esfuerzos para apoyarla, hasta que juntos fueron galardonados con el Premio Nobel de Física en 1903, premio que inicialmente la academia quería dar solamente a Pierre, pero él fue enfático en que Marie era quien realmente lo merecía, por lo que fueron premiados los dos.

Más adelante, tras la muerte de su esposo, Marie descubrió que algunos elementos químicos no eran como los demás, eran distintos y por ello presentaban un comportamiento nuevo y extraño. Así fue como descubrió el radio y el polonio, Marie bautizó este último en honor a su país: Polonia; mientras que el radio dio el nombre a la radiactividad, la cual, además de tener múltiples usos en distintas áreas, sirve para tratar enfermedades como el cáncer. Por tales hallazgos, fue galardonada esta vez con el Premio Nobel de Química. A pesar de que fue mucho el dinero que Marie ganó las dos ocasiones que recibió el Nobel, siempre lo donó para el avance de la ciencia, enseñándonos que el dinero jamás será más importante que el conocimiento.

FRIEDRICH VON HAYEK
(Imperio austrohúngaro)

PREMIADO EN 1974 (ECONOMÍA)

Por sus trabajos en la teoría del dinero
y de las fluctuaciones, y por su análisis
de la independencia
de los fenómenos económicos,
sociales e institucionales.

De niño, Friedrich von Hayek supo que cuanto más sabía, más disfrutaba. Aunque no fue un estudiante muy destacado en sus años de colegio en Viena, su ciudad natal, sí profesó toda su vida una pasión incondicional por la lectura, las caminatas y la escalada de montañas. Su padre, hombre próspero del imperio austrohúngaro, le inculcó el entusiasmo por la botánica, a tal punto que mientras otros niños jugaban con soldaditos de plomo, Hayek tenía un herbario.

La curiosidad que despertó al leer muchos libros lo llevó, en su adolescencia, a aficionarse a diversos campos del conocimiento, como la paleontología, la teoría de la evolución, la psicología y el teatro. Lo más probable hubiera sido que Hayek dedicara su vida al estudio de las ciencias naturales, pero la Primera Guerra Mundial se interpuso en su camino. Mientras era oficial de artillería en el frente italiano, llegó a sus manos un libro de un gran economista, Carl Menger, que le abrió la puerta a una materia que busca comprender el ser humano y su búsqueda de recursos para su subsistencia: la Economía.

Por coincidencia, en los años en que Friedrich se dedicó a estudiar Economía y la forma en que las sociedades manejaban sus recursos, Austria sufría una de las más duras crisis económicas de su historia: la gente no tenía trabajo, el dinero perdía su valor constantemente y el hambre reinaba en los hogares. Gracias a las técnicas sutiles, aprendidas como botánico, comenzó a recopilar datos en detalle de los hechos económicos que habían llevado a su nación de ser una de las más prósperas del mundo a tocar los límites de la pobreza extrema. Él observó cómo las malas decisiones de unos pocos, vinculados al poder político, afectaban a muchos. Analizó también qué procesos e instituciones hacen que un país sea rico o pobre y concluyó que los ciclos económicos de una sociedad son como las cuatro estaciones: invierno, primavera, verano y otoño.

Su fama como economista lo llevó por muchos lugares del mundo. Fue profesor de varias universidades en los Estados Unidos e Inglaterra.

Defensor de la libertad del individuo frente a la tiranía de las mayorías, admirador de los procesos espontáneos del mercado y crítico de los gobiernos que con sus políticas de planificación limitan la libertad de decisión de los ciudadanos y fraguan las crisis económicas futuras, fue merecedor del Permio Nobel de Economía en el año 1974. Gracias a la pasión y disciplina de Friedrich von Hayek, el mundo reconoció que la economía tiene tanta dignidad y prestigio como cualquier otra ciencia.

ALBERT CAMUS
(Argelia)

PREMIADO EN 1957 (LITERATURA)

Por su importante producción
literaria que,
con una seriedad clarividente, ilumina
los problemas de la consciencia humana
en nuestra época.

De pequeño en la Argelia francesa, su país de origen, Albert soñaba con ser un gran futbolista. "¡El mejor arquero de todos los tiempos!", les decía a sus amigos en un humilde barrio en el que no tenían acceso a la educación, ni tampoco a libros, por eso se aferraba a su pelota, su bien más preciado.

Albert perdió a su padre cuando tenía apenas un año; a causa de esto, pudo acceder a una beca que le permitió graduarse de bachiller. En el colegio conoció a una de las grandes influencias de su vida, un maestro que le haría enamorarse de los libros y la lectura: el profesor Louis Germain.

Tal fue el amor que el profesor Germain inculcó en Albert por la lectura y la escritura, que el pequeño escribía en enormes cantidades, incluso después de graduarse. Luego viajó a Francia, donde trabajó como periodista y siguió escribiendo cuentos, novelas, ensayos y obras de teatro. Nunca dejó de crear, y muy pronto sus textos se hicieron famosos en todo el mundo.

Tal era su éxito que en 1957 la academia le otorgó el Premio Nobel de Literatura. En su discurso, Albert no dejó de agradecer a su profesor. Además, luego le envió una carta que decía: "Sin usted, sin la mano afectuosa que tendió al niño pobre que era yo, sin su enseñanza y su ejemplo, no hubiese sucedido nada de todo esto".

El pequeño Albert jamás fue un gran jugador de fútbol, como alguna vez lo soñó, pero supo enfocar esa energía y pasión que ponía en la cancha al servicio de sus escritos literarios para cautivar a una audiencia por generaciones.

NORMAN ERNEST BORLAUG

(Estados Unidos)

Premiado en 1970 (Paz)

> Por sus contribuciones a la
> "revolución verde", que impactó
> la producción de alimentos,
> particularmente en Asia y
> en Latinoamérica.

Norman era un típico niño del campo, ayudaba a sus padres a cultivar maíz, jugaba a cazar animales silvestres alrededor de la granja de su familia y cuidaba a los cerdos y gallinas: les daba de comer y en la noche los encerraba en el corral y en el gallinero. No tenía que preocuparse mucho por el estudio, ya que a la escuela que iba únicamente asistían hijos de campesinos y, al ser tan pocos, había un solo profesor que les daba clases a todos en un mismo salón.

Motivado por su abuelo, decidió seguir su sueño e ir a buscar un futuro próspero con una educación formal en la universidad. Por desgracia, la primera vez que Norman aplicó no pasó el examen, pero fue aceptado para que hiciera una recién creada carrera técnica. Allí decidió estudiar Agricultura y Ciencias Forestales, carrera que pudo pagar realizando diversos trabajos en los que conoció gente abatida por el hambre, lo que le impresionó notoriamente.

Norman nunca dejó de estudiar. Realizó una maestría y luego un doctorado en Fitopatología, la ciencia que se encarga de diagnosticar las enfermedades de las plantas, haciendo un especial énfasis en genética. Además, era un gran deportista que se destacaba particularmente en la lucha grecorromana, lo cual marcaría claramente su trabajo en el futuro, ya que esta disciplina se trata de cómo adelantarse a los movimientos del contrincante para salir victorioso.

Luego de su graduación, viajó a México. Allí, por esa época, los cultivos de maíz estaban siendo atacados por una enfermedad desconocida en ese momento, lo que significaba un gran problema, no solo para ese país, sino para la humanidad entera, ya que las cosechas se perdían por las plagas y esto ocasionaba hambrunas, que casi siempre terminaban en guerras.

Gracias a su trabajo investigativo, logró cruzar distintos tipos de semillas para hacerlas más resistentes a las enfermedades, a las inclemencias del clima, e incluso a los químicos usados para acabar con las plagas que destruyen los cultivos. Este experimento permitió mejorar la calidad de las semillas, y con ellas se calcula que se salvaron de morir de hambre más de mil millones de personas.

Por esto se le concedió el Premio Nobel de Paz, y muchos países de América Latina y Asia le han rendido homenajes por sus valiosos aportes a la agricultura y por haber salvado a la humanidad de una crisis alimentaria.

IRÈNE JOLIOT-CURIE
(Francia)

Premiada en 1935 (Química)

En reconocimiento de la síntesis
de los nuevos elementos radiactivos.

Irène entendió desde muy niña que la vida no se trataba del reconocimiento público o de acumular galardones cuando su mamá, Marie Curie, ganó dos premios Nobel en distintas categorías y donó las ganancias para seguir investigando. Este ejemplo le fue suficiente para querer dedicar su vida a servir a los demás.

Inicialmente, Irène trabajó como asistente de enfermería en varios hospitales que atendían a los soldados heridos de la Primera Guerra Mundial, pero al terminar el conflicto decidió que la mejor manera de ayudar a la humanidad era investigando sobre los avances ya hechos por sus pares frente a los nuevos elementos radiactivos, más específicamente entendiendo la estructura del átomo.

Irène pasó toda su vida investigando junto a Frédéric Joliot —un profesor de Física, con quien luego se casaría— y tratando de responder muchas preguntas que en ese momento parecían no tener respuesta, acerca de los otros usos que

podría tener la energía nuclear. Ella solamente quería entender el mundo, comprender que la materia estaba hecha de moléculas y las moléculas de átomos, así muchos pensaran que este conocimiento no servía para nada.

Irène se enfocó en el trabajo que tenía por delante y no descansó hasta que logró resultados que sorprendieron a toda la comunidad científica con la construcción del primer reactor nuclear, por lo cual les otorgaron, a ella y a su esposo, el Premio Nobel de Física en 1935.

Gracias al trabajo de Irène, hoy en día funcionan las baterías usadas en los satélites que enviamos al espacio, pues su investigación permitió convertir los elementos radioactivos en fuentes de energía.

NIKOLAAS TINBERGEN

(Países Bajos)

Premiado en 1973 (Medicina)

Por sus descubrimientos sobre
la organización y expresión de modelos
de comportamiento individual
y social en la etología.

Nikolaas no era el mejor alumno de su clase, ni siquiera estaba entre los cinco mejores. Era lo que se consideraría un mal estudiante. Tenía notas pobres y se ganaba constantes regaños de sus maestros por ser distraído, no como su hermano mayor Jan, quien era el alumno más destacado y que, curiosamente, se llevaría un Premio Nobel en Economía cuatro años antes de que Nikolaas lo ganara en Medicina.

Para Nikolaas, la vida se trataba de hacer lo que a uno le gustaba; y lo que más le gustaba a él era practicar deportes y salir a pasear cerca de su casa. A tan solo una hora de su hogar, podía divisar una gran variedad de aves y animales silvestres. Así pasaba horas viéndolos y analizando sus comportamientos en silencio.

Al finalizar sus estudios secundarios, él tenía la certeza de que dedicaría su vida al deporte; sin embargo, sus padres lograron convencerlo de pasar tres meses en un observatorio de aves en Holanda. Esta experiencia cambió por completo su vida, no solo porque conoció a la que sería su futura esposa, sino que fue allí en donde pudo unir su pasión con su vocación, y esto hizo que se inscribiera en el Departamento de Biología de la Universidad de Leiden, en ese mismo país.

Muy pronto se destacaría como una de las mentes más brillantes en Etología, la ciencia que estudia el comportamiento animal y humano. Así, basó su experimentación en lo que se conoce hasta hoy como las cuatro preguntas.

Las famosas cuatro preguntas que planteó Nikolaas para entender cualquier comportamiento animal o humano son: 1) ¿Cuál es la causa? Es decir, ¿qué hace interna o externamente que el individuo se comporte de esta manera? 2) ¿Cuál es el valor de supervivencia? O sea, ¿qué hace que esta conducta ayude a que el individuo no muera? 3) La ontogenia, es decir, ¿cuál es el rol de este comportamiento durante toda la vida del individuo? Y, por último, 4) La evolución: ¿cómo ha ayudado esta conducta a que el animal haya evolucionado hasta el día de hoy?

Gracias a estos avances en el método científico de observación biológica, Nikolaas se hizo merecedor del Premio Nobel de Medicina en 1973.

WERNER KARL HEISENBERG

(Alemania)

PREMIADO EN 1932 (FÍSICA)

Por la creación de la mecánica cuántica,
cuya aplicación tiene, entre otras cosas,
el estudio y descubrimiento
de las formas alotrópicas
del hidrógeno.

Desde muy pequeño Heisenberg demostró ser un niño muy inquieto, y esto hizo que su afición por el conocimiento fuera cada vez mayor. Su gran amor por las humanidades y las lenguas, y también su afición por tocar el piano, lo acompañaron durante toda su vida.

Muy pronto ese espíritu de curiosidad, unido a su talento por las matemáticas, lo llevaron a estudiar el comportamiento de los átomos. Gracias a este trabajo, se hizo merecedor del Premio Nobel de Física en 1922, pues fue el pionero en descifrar la mecánica de las partículas más pequeñas del universo.

Heisenberg siguió sus investigaciones ajeno a la política de Alemania, su país, que pasaba un periodo de posguerra. Un día, el líder de su nación decidió hacerle la guerra al mundo entero y lo convenció para que le ayudara a construir una bomba capaz de destruir todo a su paso, mil veces más potente que cualquiera que se hubiese creado jamás: la bomba atómica.

Así, pasaba horas en su laboratorio presionado por el gobierno para que terminara de construir la bomba, pero él se había arrepentido de ayudar a ese líder y gastaba sus días junto a los demás científicos trabajando solamente sobre un inofensivo reactor. "La ciencia es para hacer el bien, no para destruir", decía.

Cada vez que le preguntaban cuánto le faltaba para terminar el explosivo, Heisenberg alegaba que sus cálculos no eran acertados y no le era posible avanzar en el tema. Cuando finalmente concluyó sus análisis sobre la bomba atómica, dijo que construirla sería tan costosa que el gobierno desistió de avanzar con el proyecto.

Sin embargo, no todos pensaban de la misma manera. El gobierno de los Estados Unidos, llevado por el pánico de pensar que Alemania podría tener un arma de esta magnitud, lanzó dos ataques atómicos sobre Japón. Heisenberg mostró a sus colegas la manera en que los americanos habían construido las bombas, pero jamás le dio la fórmula de cómo hacerlo a su gobierno y fue fiel a sus creencias.

ELINOR OSTROM
(Estados Unidos)

PREMIADA EN 2009 (ECONOMÍA)

Por su análisis de la
gobernanza económica,
especialmente de los recursos comunes.

~~~~~~~~~~~~~~~~~~~~~~~~~~

La niñez de Elinor Ostrom no fue fácil. Nació en California, apenas cuatro años después de la peor depresión económica de la historia. Cuando era todavía muy pequeña, su padre, un desempleado de la industria del cine, abandonó a su familia. Gracias a que vivían en una propiedad con patio, ella colaboraba cultivando vegetales para sobrellevar la difícil situación que padecían. Pese a todo, Elionor sintió que aprendió mucho de aquellos años.

Durante la Segunda Guerra Mundial, ella tejía bufandas para las tropas que iban a cruzar el Atlántico, ganó varias competencias de natación, participó en concursos de debates estudiantiles que le ayudaron a comprender cómo pueden existir varios puntos de vista para explicar el mismo acontecimiento y vendía la ropa que ya no usaba en almacenes de caridad. "Mutuos esfuerzos para fines comunes", decía. Su siguiente objetivo era poder tener dinero para entrar a la universidad.

Ya en la universidad, Elinor tuvo un enorme interés por la Ciencia Política y la Economía, pero de nuevo la vida le puso un obstáculo: en esos años no era bien visto que una mujer terminara con altos grados académicos en Economía, por ende, recibió muchos comentarios desalentadores cuando quiso continuar sus estudios de doctorado. Al buscar trabajo, ella recordaba que le preguntaban más por sus habilidades de taquigrafía para ser una buena secretaria, que sobre sus logros de estudiante. Sin embargo, tuvo la determinación de no dejarse desanimar y comprendió que iba a ser una pionera en abrir caminos para las mujeres.

Logró terminar su doctorado en Ciencias Políticas y desarrolló una notable vida como investigadora y profesora. Su campo de estudio fue analizar cómo una población usa eficientemente los bienes comunes, como, por ejemplo, un lago donde toda la comunidad pesca sin caer en la sobreexplotación de este recurso. Para algunos, un bien de todos está destinado a ser destruido por los intereses personales; para Elinor, y lo demostró con muchos ejemplos concretos alrededor del mundo, la gente sí puede llegar a acuerdos libres para no destruir y usar racionalmente lo que se considera de todos. "Mutuos esfuerzos para fines comunes", les repetía a sus estudiantes.

Ella fue la primera mujer en ganar el Premio Nobel de Economía y, al recibirlo, recordó que existe un banco de sabiduría mutua para salvar al mundo y que, aunque para ella había sido una lucha titánica, era necesario demostrar la importancia de que hombres y mujeres aprovecháramos este valioso recurso común oculto en nuestros corazones.

GABRIEL GARCÍA MÁRQUEZ

(Colombia)

PREMIADO EN 1982 (LITERATURA)

Por sus novelas e historias cortas,
en las que lo fantástico y lo real
se combinan en un mundo ricamente
compuesto de imaginación,
lo que refleja la vida y los conflictos
de un continente.

En un pequeño pueblo de la costa colombiana, llamado Aracataca, nació Gabriel García Márquez, un niño curioso por la lectura, pero sobre todo por las historias que contaban sus abuelos con quienes vivía, ya que sus padres se habían tenido que ubicar en otra parte del país por razones laborales.

Gabo, como le decían en su familia, se fascinaba con las historias que había vivido su abuelo en la guerra de los Mil Días, así como con los cuentos de fantasmas y las supersticiones que contaba su abuela, quien además aseguraba haber presenciado cada suceso que salía de su boca.

El pequeño Gabo creció, pero su imaginación siguió muy viva, como la del niño que no dejaba de impresionarse ante lo que le contaban, y fue así como pasó muchas noches junto a sus amigos en un sitio al que llamaban la Cueva, en el que se contaban todo tipo de historias hasta altas horas de la madrugada.

Gabo supo que quería dedicar su vida a contar historias, pero no de cualquier manera, él quería narrarlas como lo hacía su abuela, pues ella tenía la capacidad de contar hechos fantásticos como si se tratara de los eventos más cotidianos del mundo.

Fue así como, poco a poco, fue publicando cuentos mientras ejercía como periodista, y luego se fueron abriendo las puertas de su carrera como escritor. Él fue el creador de lo que llamaron "realismo mágico" gracias a su manera de interpretar la realidad con ese toque tan especial y único.

Por su obra *Cien años de soledad*, Gabo fue conocido internacionalmente y muchas personalidades del mundo entero se sorprendieron con la habilidad que tenía este hombre para crear mundos reales llenos de magia. Por esta maravillosa historia, entre muchas otras, ganó el Premio Nobel de Literatura en 1982.